AF595235

SCÈNES
DE COUR
ET DE CABARET,

Parades historiques.

(25 ET 31 JUILLET 1830.)

PUBLIÉES PAR T. C.

Dieu fait quelquefois tourner à bien
les œuvres des méchans ministres.

(*Ev. selon saint Matthieu*,
Trad. de GENOUDE.)

PRIX : 1 FR. 25 C.

PARIS,
CHEZ LEVAVASSEUR, LIBRAIRE,
PALAIS-ROYAL, GALERIE DES PROUES, N. 51 ET 52.

1830

Dix-huit ou vingt respectables sexagénaires se rassemblaient, avant la révolution de 1830, dans l'allée de l'Observatoire, au Luxembourg, et charmaient les longues heures de leur loisir en se disputant sur la politique. Quoique l'amour-propre et l'esprit de parti survécussent chez le plus grand nombre d'entre eux aux passions jeunes et viriles, la discussion ne dégénérait pas toujours en dispute, mais elle s'animait tellement dans les circonstances importantes, qu'on aurait pu se croire, en les entendant, au beau milieu des véritables représentans de la nation..... Aussi le théâtre accoutumé de leurs élucubrations parlementaires était respecté des promeneurs méditatifs, les couples amoureux le fuyaient, et l'on peut affirmer que le chant des oiseaux n'est jamais venu se mêler aux éclats de leur énergique éloquence.

Les coups de fusil, que les royalistes invoquaient depuis si longtemps, retentirent à la fin. Pendant l'agonie du gouvernement impossible, l'allée de l'Observatoire fut abandonnée de ses orateurs habituels; mais l'*ultima ratio regum* ayant succombé sous l'*ultima ratio populorum*, c'est-à-dire la paix succédant à la guerre, l'un des membres de la société, curieux de savoir ce que ses amis politiques étaient devenus pendant la tempête, reprit le chemin du rendez-vous.

Cinq membres du côté gauche, deux ministériels, un royaliste *quand même* se promenaient en silence..... c'étaient, hélas! les déplorables débris de cette assemblée délibérante en plein vent où venaient aboutir, avant la révolution, tant de Mirabeaux, tant de Cazalès et tant de Barnaves à qui les dures conditions de l'éligibilité fermaient les portes de l'autre chambre. A toutes les questions sur leurs confabulateurs absens : « Fous! fous! répondaient-ils ; chez le docteur ***!... Nous » étions vingt, nous voilà neuf!... » Quelle ne devait pas être, en effet, leur douleur! Outre que le besoin de se voir et de se disputer ensemble résultait de plusieurs années d'habitude, pouvaient-ils se dissimuler qu'ils étaient également dans l'âge où les grandes commotions dérangent la santé, troublent le raisonnement, brisent les ressorts de la vie?...

On délibéra sur ce qu'il y avait à faire pour obvier à tant de maux. D'un accord unanime, les membres superstans de la société résolurent d'envoyer l'un d'eux s'assurer personnellement du véritable état des amis séquestrés ; et de toutes les manies la manie politique étant celle qui se communique avec le plus de promptitude, ils déléguèrent prudemment celui de leurs camarades dont la force morale paraissait le mieux à l'abri de la contagion.

Munie de tous ses pouvoirs, la commission se dirigea sur-le-champ vers la maison du célèbre docteur. A peine y fut-elle arrivée, qu'un des plus virulens orateurs de la droite extrême vint à sa rencontre avec des transports de cette joie convulsive qui caractérise particulièrement certaines altérations des organes de la pensée ; ci-devant sténographe à la *Quotidienne*, il avait puisé dans la lecture assidue des articles de ce journal ce fanatisme royaliste et prétendu religieux dont l'effet prochain ne peut être que la démence, dont le dernier terme est communément la fureur. « J'avais pris ce matin, dit le journaliste à son ami, la ferme résolution de vous écrire ; le temps m'a manqué..... Je plie sous le poids des devoirs qui me sont imposés par mes charges..... Le *Moniteur* vous a sans doute appris que je viens d'être nommé sténographe-archiviste de S. M. T. C..... Je dois en faire aujourd'hui pour la troisième fois les fonctions.....» Le député reconnut de loin plusieurs politiques de l'Observatoire qui se promenaient et se disputaient comme autrefois : « Voilà, dit l'archiviste en les désignant, voilà les appuis de l'autel et du trône... Vous venez à propos ; c'est l'heure où Sa Majesté reçoit... Voulez-vous que je vous conduise? Je sais qu'elle est de très-bonne humeur : j'ai le pressentiment que vous obtiendrez un sourire. Présentez-lui vos placets ; hier elle a tué *tout* à la chasse, et, pour surcroît, son confesseur paraissait très-content ce matin.....» Le député répondit qu'il n'était pas ambitieux ; que la faveur était passagère, et que d'ailleurs il avait des opinions qui n'étaient pas de mise auprès des rois. « Nous avons des libéraux parmi nous, interrompit l'archiviste, et nous vivons *presque* d'accord avec eux. Du reste, vous n'ignorez pas qu'à la cour on n'est jamais obligé de parler comme on pense. Quant à la religion, Sa Majesté ne vous forcera pas d'en avoir : feignez, cela vous suffira comme aux autres. Si la chose vous paraît difficile, deux de mes amis, pour peu de chose, consentiront à vous façonner. Ici l'on apprend à baisser les yeux, à les diriger vers le ciel, à joindre les mains, comme on apprend ailleurs à parer tierce, quarte, octave ou demi-cercle..... — Non... je suis trop infirme et trop vieux pour la cour : l'extrême débilité de mes jambes, la maladive inflexibilité de mes vertèbres m'obligent à vous refuser. Je suis incapable de m'agenouiller devant une idole, de me prosterner devant un ministre, de rester debout devant un valet, de m'incliner devant un infâme. J'ai (ce n'est pas le moindre de mes malheurs) j'ai la faiblesse d'éprouver pour les déprédateurs en grand qui ruinent un empire, autant de mépris que pour les filous qui dérobent un mouchoir : l'état de solliciteur ne me convient pas, celui de courtisan moins encore. — Vous changerez, vous changerez... La vie que nous menons au château vous séduirait : tous les jours, soit avant soit après le sermon, Sa Majesté joue la comédie. Mieux affermie que jamais sur le trône de ses pères, elle se place en imagination dans les positions les plus singulières et les plus critiques... Rien n'est si gai que nos impromptus : nous rions comme des fous ; quelqu'un qui ne nous connaîtrait pas nous prendrait pour des insensés..... Ces petits drames font le sujet de la lettre que je voulais vous écrire ; Sa Majesté m'accorde l'autorisation de les rendre publics..... Tout le profit doit m'en revenir ; les princes et Sa Majesté ne se réservent que la gloire..... Prenez ces feuilles... je m'en rapporte à vous quant au choix du libraire ; pour ce qui regarde les frais d'impression, je ferai tant que la *liste civile*..... » Un personnage à figure hétéroclite interrompit l'archiviste en lui criant que Sa Majesté le demandait à l'instant. L'homme de cour, sans plus regarder son ami d'autrefois, disparut avec la rapidité de l'éclair.

Le gardien s'opposa formellement à ce que l'envoyé pénétrât dans l'intérieur du palais de Sa Majesté. « Ces aliénés, lui dit-il, sont généralement d'un caractère assez doux, mais il ne faut pas révoquer en doute la réalité de leurs visions, ni surtout s'en moquer, car ils entrent tout aussitôt en fureur. Ils sont ici près de quatre cents, hommes et femmes, à qui la révolution de 1830 a tourné l'esprit. Le plus fou d'entre eux, qui se croit Charles X, a trouvé moyen de se constituer une famille, une cour, un gouvernement.... Quoique la forme de ce gouvernement soit représentative, il a déclaré, dès le commencement de son règne, qu'il ne souffrirait pas d'*opposition*, si bien que trois ou quatre misérables, soupçonnés de libéralisme, on ne sait pourquoi, seraient déjà devenus ses victimes, si la camisole de force ne se fût opposée, malgré la constitution de l'Etat, à l'exercice de cette barbare prérogative..... Il possède une armée, des ministres, des chambres, une police, un clergé, des journalistes à gages..... Ses généraux portent la haire au lieu de la cuirasse, le crucifix au lieu de l'épée; ses ministres, qui sont princes romains, dirigent tout à la fois les affaires de son empire et les scrupules de sa conscience; il veut que sa chambre élective ne soit composée que de fonctionnaires; sa chambre haute s'alloue des indemnités, des pensions, etc., etc.»

M. le docteur ***, après avoir superficiellement parcouru les feuilles abandonnées par le sténographe - archiviste, affirma, non sans avoir invoqué les doctrines médicales passées, présentes et futures, que leur publication produirait un effet salutaire sur la raison de ses malades, et généralement sur celle des malades politiques *de tout l'univers.*

De retour à l'Observatoire, la commission fit son rapport: la conclusion fut qu'on choisirait parmi les pièces communiquées celles d'où la folie des ex-parlementaires ressortait avec le plus de force et d'évidence, qu'on les ferait imprimer, et qu'on les enverrait au docteur.

Quant à ces menus frais qui sont inséparables d'une impression, comme elle ne comptait pas sur la *liste civile*, malgré les brillantes espérances conçues par M. l'archiviste, l'assemblée décida qu'elle intéresserait à son œuvre de charité la classe qui sympathise naturellement avec les malheureux qu'elle a voulu secourir, et qu'elle dédierait cet ouvrage aux royalistes, curables ou non curables, de tous les âges et de tous les pays.

UN SOIR A LA COUR.

Le roi n'avait pas encore achevé ce discours, qu'une voix céleste cria : « Ton règne est passé... tu n'habiteras plus qu'avec les fauves. » (DAN., Trad. de Genoude.)

POLIGNAC, *seul.*

.... Comme Sa Majesté nous présidera, il importait que je fusse bien pénétré de mes argumens. Quant à cela, je ne crains personne aujourd'hui... et je suis même encore plus satisfait de moi qu'à l'ordinaire. Revoyons un peu ma loi nouvelle : Législation, etc...; ce titre déplaît à Chantelauze : pourquoi? parce qu'il n'est pas de lui, sans doute... « Article unique : Nul ne pourra, sans l'autorisation préalable des trois pouvoirs, représentés par S. Exc. monseigneur le président du conseil des ministres (fort bien), manifester son opinion... » C'est clair et concis. Chantelauze prétend qu'il y a dans la rédaction sécheresse, et dans le dispositif insuffisance.... Ils m'ont délayé là-bas mon article unique en trois longues ordonnances avec des sections et des paragraphes... Ce sont des hommes qui se croient méthodiques parce qu'ils ont beaucoup de petites idées rangées symétriquement comme des pièces de marqueterie. Moi, je vois les choses en grand : le but est là; j'y vais par le chemin le plus court, et j'y touche. Malheureusement Sa Majesté préfère la courbe à la droite. (*Il relit son article en appuyant avec force sur chacun des mots.*) ....C'est la Charte, moins l'athéisme qui la profane; c'est la Charte, moins le jacobinisme du roi défunt.... Quant au rapport, Chantelauze a le champ libre : voici, toutefois, quelques étincelles de ma façon sur lesquelles nous sommes convenus qu'il travaillerait... « 1° La pensée est toujours innocente aux yeux de la loi, tant qu'elle reste comme ensevelie dans le cerveau qui se dispose à la produire. » Pourvu qu'il ne m'ait pas défiguré ce trait de lumière.... Définir ici la pensée; clairement surtout. Chantelauze consultera Laurentie, de Bonald et Bergasse; de bonne métaphysique, et bonne... *Définissez les termes*, disait... Qui donc disait cela?... n'est-ce pas Frénilly? n'importe... « 2° Dans un État bien organisé, le minimum de la peine inflictive à l'écrivain sacrilége, est la mort... » Je me souviendrai toujours de l'impression que produisit sur Chantelauze la lecture de cette admirable proposition (car c'est une simple proposition); il resta bouche béante, comme un homme qui se changerait en statue... Ah! voici Peyronnet.

POLIGNAC, PEYRONNET.

POLIGNAC.

Comte, nous ne mollissons pas, j'espère? le 26 juillet doit toujours être le développement de la pensée du 8 août. Sa Majesté me disait encore il n'y a qu'un instant, C'est un coup d'état sans retour; s'il le faut, nous monterons à cheval; cela vaudra mieux que de monter en charrette.

PEYRONNET.

Je suis d'avis, prince, qu'il conviendrait de prendre, dès aujourd'hui, nos précautions... Monter à cheval est grand, monter en charrette est saint... Toutefois, s'il y avait résistance et qu'elle se prolongeât, monter à bord de quelque frégate épargnerait à Sa Majesté bien des soucis;... et s'il y avait défaite, sept lieues de mer...

POLIGNAC.

Non, je ne parviendrai jamais à vous convaincre! Résistance ou défaite! Résister, qui? Défaite, comment? Que vous connaissez peu la France, vous qui devriez pourtant la connaître si bien! Ce peuple est mort, je vous dis. Votre correspondance électorale et vos relations départementales ne suffisent-elles pas à vous le faire apprécier? L'administration en masse se précipite au-devant du pouvoir pour l'étayer, pour le consolider en nos mains; c'est la partie forte, active, éclairée de la nation. Comment supposer que le reste ne frémira pas d'épouvante à la seule idée d'une guerre ouverte qui compromettrait à la fois sa liberté, ses propriétés, sa vie? Seront-ce les journalistes et les boutiquiers qui lutteront contre un gouvernement organisé, contre un gouvernement qui s'adosse à tous les grands corps de l'État, contre un gouvernement dont les racines sont enfoncées jusque dans le centre du sol, et que soutiendraient, au besoin, trois millions de baïonnettes étrangères? Sans parler de l'Espagne, du Portugal et des Pays-Bas, qui font corps avec nous, nous disposons du reste de l'Europe, et si.... Mais non, croyez-moi, les choses n'en viendront jamais à ce point..... La France roule à nos pieds; tendons la main, baissons-nous, ramassons-la.

PEYRONNET.

Prince, il y a du vrai dans ce que vous avez dit; il n'est pas, dans ma conviction, radicalement impossible que Sa Majesté réussisse: les apparences, je l'avouerai, sont en notre faveur; toutefois...

POLIGNAC.

Les filets que nous avons tendus à nos adversaires, et dans lesquels il est impossible qu'ils ne s'enchevêtrent pas tous à la fois, vous paraissent-ils donc mal tissus?..... Est-ce que nos dispositions militaires ne sont pas suffisantes?..... Que craignez-vous?

PEYRONNET.

Je crains nos fautes; on nous en a fait commettre, et de plus d'un genre. Ma présence au conseil en est une... ce n'est pas la moindre, mais il en est de plus graves.... Mangin.... 1814... Ces deux hommes, au lieu de la terreur, pourraient bien n'inspirer que la rage et le désespoir.

POLIGNAC.

Mangin me fut imposé; Raguse est de mon choix; ses talens militaires, son dévoûment obligé, sa bravoure personnelle, me l'ont fait préférer à tout autre. Je ne vois pas qui j'aurais pu mettre à sa place.

PEYRONNET.

Un nom moins impopulaire. 1814 est écrit sur son front. C'est en lettres d'or, à ce qu'on dit ici (1); c'est en lettres de sang, dit le peuple. C... nous convenait davantage... ; il n'eût inspiré que de l'épouvante ; la stupeur était positivement ce qu'il nous fallait.

POLIGNAC.

Il eût fallu des trésors....

PEYRONNET, *avec ironie.*

Et l'autre vous servirait *gratis*.... ?

POLIGNAC.

Nous le paierons moins cher.

PEYRONNET.

Quand on enlève à des masses intelligentes les lois qu'on avait juré de maintenir, les lois qu'elles ont obtenues par quarante ans de vicissitudes, il ne faut pas faire des économies de ce genre. Raguse est à craindre.... Son amour-propre depuis long-temps se révolte en secret contre les services qu'il rend à la cause.... Le souvenir mal éteint d'une gloire honorablement acquise ; sa prodigalité, sa vénalité notoires, tout le met à la disposition de nos adversaires. Qu'un gouvernement national surgisse, et que des offres lui soient faites, refusera-t-il de réparer les désastres de sa fortune, et de reconquérir, en sauvant les idées que nous combattons, quelques parcelles de la considération qu'il a perdue ?

POLIGNAC, *vivement.*

Des mots.... ce que vous avez dit, rien de plus : d'abord, un gouvernement *national*, pour me servir de vos termes

(1) Certains familiers de la cour, croyant donner à Marmont une épithète fort honorable, ajoutèrent quelquefois 1814 à son titre de maréchal. Un jour, le duc répondit très-militairement que l'épithète lui déplaisait. Depuis, les courtisans retranchèrent la date en sa présence.

(*Editeur.*)

emphatiques, *ne surgira pas*... et quand même, des milliards et toutes les pompes de la terre n'ébranleraient pas Raguse. Une circonstance qui vous est inconnue l'attache *invinciblement* à la cause. *Invinciblement*, vous entendez....

PEYRONNET.

Qui m'est inconnue !...

POLIGNAC.

Oui.... (*Mystérieusement.*) Hier, malgré la vive opposition de MM. de Strasbourg, de Paris et de Reims, Sa Majesté, Son Altesse royale et moi... nous avons exigé qu'il jurât.... sur l'Évangile....

PEYRONNET, *froidement.*

Bonaparte, en effet, négligea de se précautionner ainsi.... Je vous engage à compter peu sur l'intervention des saintes Écritures en politique ; Raguse est brave jusqu'à mépriser les anathèmes.... Si vous êtes vainqueurs, je me porte caution de sa fidélité ; sinon, rappelez-vous la journée du sacre, et songez à ce que nous préparons : quel exemple de l'insuffisance de l'Évangile et de la fragilité des sermens qu'il a reçus!

POLIGNAC.

Vous oubliez toujours que nous rentrons dans la Charte, dans l'esprit de la Charte.

PEYRONNET.

Vous êtes en France trois personnes qui le pensez... peut-être... Marmont n'en croit rien... ni moi non plus, ni bien d'autres....

POLIGNAC, *voyant arriver les autres ministres.*

Voici nos collègues.... Je vais avertir Sa Majesté.

(*Polignac sort. Les autres ministres le saluent profondément ; ils s'asseyent en silence, se parlent à l'oreille. Peyronnet, Guernon, Chantelauze et Montbel paraissent fort agités. Capelle et d'Haussez le sont moins. Bientôt Charles X et le duc d'Angoulême sont introduits par Polignac. Quelques cérémonies d'étiquette, et le conseil enfin commence.*)

CHARLES X, LE DUC D'ANGOULÊME, LES MINISTRES.

CHARLES X.

Messieurs, la divine Providence, en me rappelant sur le trône de mes pères, ne m'a pas laissé deux routes à suivre : une seule voie de salut reste ouverte à la monarchie. Des obstacles de plus d'un genre m'en ont éloigné souvent; j'y veux rentrer sans retard. Vous le savez, messieurs, j'ai tout fait, tout employé pour vaincre par la douceur la manie de l'insubordination. Vain espoir; je ne sais quel esprit de vertige travaille, depuis le commencement de mon règne, les journalistes et les électeurs. Cette minorité factieuse tient la France dans un asservissement dont il est temps que je la délivre. Le système de résistance qu'ils ont opposé jusqu'à ce jour aux mesures que j'ai proposées pour le rétablissement de la religion, ne tend à rien moins qu'à la dissolution de l'ordre social. Le reste du peuple gémit sous le joug. Sera-ce donc en vain, Messieurs, que tant de millions de nos sujets fidèles nous présenteront leurs mains suppliantes! Je suis las de parler en père aux libellistes qui dévorent avec impunité mon royaume, aux traficans qui le dilapident. Toutes les ressources de l'ordre légal sont épuisées. Le pouvoir constituant m'appartient; d'impérieuses nécessités ne me permettent pas d'en ajourner l'exercice. Rentrons, Messieurs, dans l'esprit de la Charte, et sauvons-la de ses propres excès : je le dois à moi-même, je le dois à mes peuples, l'Europe l'attend, la religion l'exige. (*Avec force.*) Le pouvoir constituant m'appartient; que ces mots retentissent d'un bout de la France à l'autre, et qu'en les entendant les révoltés m'obéissent.

LE DUC D'ANGOULÊME, *lisant.*

Il est impossible, Messieurs, que nous en doutions, le libéralisme ne veut plus de nous : ses agens conspirent contre la monarchie légitime. Vainement je leur ai fait donner par le plus intègre et le plus modéré de nos journaux, la *Quoti-*

dienne, par le plus désintéressé de nos journalistes, M. de Genoude, des avertissemens salutaires.... La société marche rapidement à sa perte. Les 221 députés républicains (véritables Catilinas) que les colléges électoraux nous ont rendus (malgré la proclamation contre-signée Polignac, que mon auguste père a bien voulu prendre la peine de leur écrire à tous), ces 221 députés républicains ne tarderont pas à nous précipiter dans l'abîme des révolutions..... Il s'agit, Messieurs, du rétablissement de la république..... Le roi est vainqueur d'Alger; mais dans ce repaire n'étaient pas ses plus implacables ennemis. Les élections les ont mis tous à découvert. Si ces hommes de trahison sont ménagés, c'en est fait de la légitimité, de la monarchie; les momens sont précieux : il faut, Messieurs, que le gouvernement se décide, ou le libéralisme, relevant sa bannière, va marcher contre la France et contre son roi.

Vous êtes responsables, Messieurs (*les ministres pâlissent*), responsables envers le roi, d'abord, qui vous investit de sa confiance; envers Dieu, qui vous jugera; envers la France enfin, qui vous..... vous..... (*à part*) diable! voilà un mot bien mal écrit..... Ce n'est pas dans l'intérêt de Sa Majesté ni dans le mien que je vous parle; c'est dans le vôtre, Messieurs : la Charte, article 13, dit, en termes assez clairs : *La personne du roi est inviolable et sacrée;* mais elle ajoute, et retenez bien ceci : *les ministres sont responsables.* Ne sortez pas de l'article 13; lisez, messieurs, relisez l'article 13; ne le perdez jamais de vue : c'est lui qui seul, avec l'article 14, peut nous sauver tous aujourd'hui.

POLIGNAC.

J'hésiterais à prendre la parole, si je n'avais la conviction que la vertu peut quelquefois remplacer les talens. Oubliez, Messieurs, je vous en supplie, que vous êtes les hommes d'état les plus distingués de l'Europe et les plus grands orateurs qu'on ait jamais vus. L'éclat de ma naissance, les grandes qualités qui me recommandent à la vive affection de Sa Majesté, la réputation que je me suis acquise par des actes dont la postérité conservera la mémoire, doivent à vos yeux tempérer les torts de mon éducation... Oui, Messieurs, la nature a tout fait pour moi; l'éducation, peu de chose ou rien. J'espère qu'en faveur de tant de modestie vous ne m'écouterez pas sans indulgence.

Messieurs, la France est perdue; l'anarchie s'organise. La seule administration qui soit compatible avec la conscience du monarque le plus scrupuleux de la terre, est menacée dans sa base : la religion craint pour ses foyers; le pacte fondamental est insulté par des folliculaires. La liberté, les lois, la dynastie, le catholicisme, tout cela tombe en ruines. L'Europe, indignée, frémit; le peuple tremble; des quatre points cardinaux de l'univers un cri part: La France est perdue, les ministres sommeillent.... *Dormitis, Bruti.*

La France, Messieurs, ne périra pas, car les ministres de Sa Majesté se réveillent aujourd'hui : la révolution seule aura succombé. Des quatre points cardinaux de l'univers partira dans peu ce nouveau cri : Victoire, la religion va renaître.

Les ordonnances et le rapport, tout est prêt : Sa Majesté les approuve; elle se réserve de donner à chacun de vous en particulier des marques de sa profonde estime et de sa royale satisfaction.

Achevons, Messieurs, par des rapports lumineux et concis, d'éclairer Sa Majesté sur la véritable situation de son royaume.

Pour moi, je puis affirmer sur l'honneur que le dévoûment des grands propriétaires n'a point de limites. Tout ce que la France a d'illustre noblesse est prêt à répandre encore les flots de son généreux sang pour la gloire et pour le salut de la monarchie. La noblesse française, vous le savez, Messieurs, n'a jamais forfait à l'honneur. L'histoire est là qui le témoigne assez. Les nobles voulaient se lever en masse; j'en ai la preuve écrite, et je la produirais, si la parole d'un Polignac pouvait ne pas vous suffire.

En outre, nous possédons la plus belle armée que le soleil ait jamais vue ; payée, habillée, nourrie, c'est à nous qu'elle est redevable de si grands avantages. La tenue des Suisses fait l'admiration de l'Europe entière. La garde royale est pure depuis que j'en ai fait renvoyer cinq ou six libertins qui lisaient les *Débats*. Quelques régimens de la ligne n'avaient point d'aumôniers, je les en ai pourvus. Deux cent cinquante mille Bayards sont à nos ordres. La France, trop long-temps veuve de ses Turennes, les a reconquis par la restauration. Soldats et généraux n'attendent qu'un geste, Sire, de leur auguste monarque, pour courir à des palmes nouvelles.

Voilà, Messieurs, pour ce qui me concerne ; c'est à vous maintenant de parler.

PEYRONNET.

Sire, le département de l'intérieur exige une attention particulière ; j'invoque le témoignage de tous les ministres qui m'ont précédé : cette administration fait classe à part.... Ce n'est pas que je révoque en doute la soumission des employés qui relèvent de moi ; cependant, Sire.....

POLIGNAC, *l'interrompant.*

J'espère, Monsieur, que la révolution n'a point pénétré jusque dans vos bureaux !

PEYRONNET.

Je ne dis pas cela, prince ; mais....

POLIGNAC.

Cela suffit. Nous comptons sur vos employés, et sur tout ce qui dépend d'eux...... Ayez soin de les en avertir : vous m'entendez.

MONTBEL.

Sire, le département des finances est une branche importante de l'administration dans un pays riche à la fois par son industrie, son agriculture et son commerce. Mes employés sont des hommes spéciaux que l'habitude a depuis long-temps façonnés pour le travail qui leur est départi ; je réponds de leur exactitude et de leur vigilance pour tout ce qui tient à la vérification des comptabilités départementales.. pour tout ce qui tient au recouvrement, à la conservation, même à la répartition des trésors de Votre Majesté....... Quant à cela, je garantis qu'ils ne s'oublieront jamais..... Et cependant, Sire....

POLIGNAC.

Est-ce que l'esprit de révolte?...

MONTBEL.

Prince, ne le croyez pas..... mais...

POLIGNAC.

Cela suffit. Nous comptons sur vous et les vôtres... M. de Montbel; avertissez-les : vous m'entendez.

D'HAUSSEZ.

Sire, j'aurais voulu vous parler de la marine avec étendue ; il est trop vrai que mes travaux parlementaires ont absorbé tout le temps que j'aurais pu consacrer à l'administration de ce département. L'enthousiasme de nos marins pour les victoires de Votre Majesté nous permet de compter sur eux. Duperré, tant d'autres, tous enfin sont à l'épreuve. Sire, vous pouvez compter sur la marine : elle est acquise à Votre Majesté.

POLIGNAC.

Sa Majesté rend hommage à votre zèle, aussi bien, M. le ministre, qu'à vos talens nautiques. Les Lacédémoniens, autrefois, quand Darius eut incendié........, se réfugièrent sur les vaisseaux de la république. La France, dans la personne du monarque et de ses ministres, les imiterait au besoin. Lorsque les ilotes se révoltèrent, Épaminondas préféra l'exil à la servitude.... Quel que soit l'événement de la lutte (s'il y a lutte).... Mais, c'est impossible.....

RANVILLE.

Sire, l'Université, fille aînée de nos rois, n'oubliera pas ses illustres parens.... Toutefois, si Votre Majesté me le permettait....

POLIGNAC.

Craindriez-vous que vos bambins ne se révoltassent? N'ont-ils pas des pères, des frères, des amis dans l'administration?.... Et d'ailleurs, est-ce qu'ils ne sont pas élevés par.....?

RANVILLE.

Sans doute,.... mais....

POLIGNAC.

Cela suffit.

CHANTELAUZE.

Sire, je vous dois la vérité, la vérité tout entière.... Le dévoûment de la magistrature est inamovible comme elle; l'institution des juges auditeurs assure à la cause royale un appui certain....; cependant, Sire....

POLIGNAC.

Les magistrats trembleraient-ils? Est-ce qu'ils n'ont pas hérité du courage des Malesherbes en même temps que de l'éloquence des Talon? Les Séguier, les Pasquier, les Desèze seraient-ils morts sans postérité?

CHANTELAUZE.

Prince, je ne dis pas cela...., mais....

POLIGNAC.

Cela suffit. La magistrature est à nous.

Sire, la vérité brille à la fin dans tout son jour. Il me reste à résumer la discussion : je le ferai, Sire, avec la lucidité, l'impartialité, la hauteur de vues, qui me caractérisent.

Sire, la population du royaume qui vous appartient, de la France, est évaluée à trente-trois millions d'individus. Dans ce nombre sont compris dix-sept millions de femmes, au moins; ce sexe a toujours eu, Sire, pour votre personne auguste une inclination décidée. Voilà déjà dix-sept millions de vos sujets qui sont en notre faveur. Si ce n'est positivement la meilleure, c'est, à n'en pas douter, la portion la plus influente de votre empire. Une cause est bien forte quand elle est appuyée sur d'aussi puissans auxiliaires.

Il ne nous resterait plus à combattre que seize millions d'individus; mais deux millions sont vieillards, deux autres millions sont enfans : la vieillesse et l'enfance, à la vérité, sont impuissantes les armes à la main, toutefois leur influence morale nous sera d'un avantage immense : l'enfant dispose ordinairement des affections de son père; le vieillard, en menaçant de déshériter son fils, peut agir considérablement sur la conduite et les opinions politiques du reste de sa famille.... Ces quatre millions sont à nous, vous le savez, Sire, vous ne l'ignorez pas, Messieurs.

Restent encore douze millions d'individus; mais la noblesse et le clergé s'y trouvent compris pour deux millions; l'armée, en y comprenant la marine, et généralement tout ce qui vit du budget de la guerre, pour un million; les départemens de l'ouest et du midi pour quatre millions, total sept millions; de sorte que la population de la France qui pourrait nous être opposée se réduirait à cinq millions.

Mais, Sire, et c'est ici, Messieurs, que la puissance de notre cause va briller de tout son éclat, d'après le recensement que j'ai fait faire des employés de toutes les administrations, tant à Paris que dans les départemens, en y comprenant les pensionnaires de l'État (à quelque titre que leur soient concédés les traitemens dont ils jouissent), j'ai pu me convaincre que le nombre de ces employés, de ces pensionnaires, forme une masse compacte de quatre millions neuf cent quatre-vingt-dix-neuf mille neuf cent cinquante-quatre individus, qui, les uns n'attendent, Sire, qu'un signe de votre main royale pour se ranger sous vos étendards; les autres ne bougeront pas, quoi qu'il arrive, dans la crainte de perdre leurs places, traitemens ou pensions... D'où résulte, Sire, que le nombre des ennemis de l'autel et du trône s'élève à quarante-six.... (1).

(1) Le lecteur consentira-t-il à croire qu'on a découvert dans les papiers de M. de Polignac, saisis au ministère des Relations extérieures, un rapport sur les ressources de la cause royale, qui ne le cède en absurdité que de fort peu de chose à celui qui vient d'être mis

Je laisse, et je dois laisser aux libéraux les déclamations, les sophismes.... Ils se disent éloquens, parce qu'ils savent arranger des phrases. Je ne suis pas éloquent, moi; mais les chiffres le sont à ma place.... Messieurs, voici les trois ordonnances; elles n'attendent plus que votre signature.... l'homme du *Moniteur* est là.... Signez.

(*Tous les ministres s'écrient à la fois :*)

Sire !....

POLIGNAC.

Signez, Messieurs.... Déterminez-vous, déterminez-vous promptement. Dans huit jours il serait trop tard; dans huit jours, et peut-être avant, le libéralisme aura soulevé contre nous jusqu'aux pavés de la capitale.... Nos troupes anéanties, dispersées, séduites, seront impuissantes à protéger nos princes fugitifs.... Quoi ! ce vénérable monarque irait, une fois encore, proscrit, tremper de ses larmes royales les plages britanniques ?.... Et nous, devenus les jouets de la multitude,... resserrés dans quelque prison d'état.... Ah ! permettez que j'écarte ces tristes images.... Signez !

TOUS LES MINISTRES.

Sire !....

CHARLES.

Il n'est plus temps, Messieurs; le glaive est tiré du fourreau; l'y remettre n'est pas en mon pouvoir.... Signez.... Je le veux.... je l'ordonne.

(*Les ministres signent. Charles X et le duc d'Angoulême se retirent. Peyronnet, d'Haussez, Guernon, Capelle quittent aussi*

dans la bouche de l'ex-président du conseil? Nous pouvons affirmer la vérité du fait, qui, d'ailleurs, est à la connaissance de beaucoup de monde; mais ce qu'on ignore assez généralement aujourd'hui, c'est que le signataire de cette statistique lumineuse, mêlé dans les rangs de la députation d'une ville du midi de la France, a complimenté, sur son avénement à la couronne, S. M. Louis-Philippe;.... qu'il s'est vu confirmer dans le poste éminent qu'il occupait sous Charles X, et qu'il a prêté serment sans coup férir au chef de la nouvelle administration.

la salle du conseil. Polignac se retire dans l'embrasure d'une fenêtre. M. Sauvo, rédacteur en chef du Moniteur, *est introduit.)*

POLIGNAC, CHANTELAUZE, MONTBEL, M. SAUVO.

CHANTELAUZE, *à M. Sauvo.*

Monsieur, lisez rapidement ces ordonnances, et veuillez m'en accuser réception.

M. SAUVO, *après avoir lu.*

C'en est fait!!...

MONTBEL.

Eh bien!

M. SAUVO.

Monseigneur, Dieu sauve le Roi! Dieu sauve la France! (*Silence.*)

MONTBEL.

Eh bien!

M. SAUVO.

Dieu sauve le Roi! Dieu sauve la France!

MONTBEL, *précipitamment à M. Sauvo, qui veut se retirer.*

Parlez!

M. SAUVO.

Messieurs, j'ai cinquante-sept ans; j'ai vu toutes les journées de la révolution, et je me retire avec une profonde terreur!...

(*M. Sauvo sort; les deux ministres le suivent presque aussitôt.*)

POLIGNAC, *seul.*

J'avais cru que le nombre de nos ennemis ne dépassait pas quarante-six;.... je vois clairement que nous en avons quarante-sept... Prévenons-en Sa Majesté. (*Il sort.*)

DEUX HEURES A L'AUBERGE.

Accinxit fortitudine brachium suum.
(Sal. prov. de mul. fort.*)*

L'intérieur d'une diligence : LA DUCHESSE D'ANGOULÊME, déguisée en paysanne; LE MARQUIS, LA MARQUISE, LAURETTE, leur petite-fille, âgée de 12 à 15 ans; TUBEUF, paysan ivre, qui dort.

LA MARQUSIE, *à Laurette.*

Taisez-vous, Mademoiselle, taisez-vous...

LAURETTE.

Je me tais, bonne-maman, je me tais...

LE MARQUIS, *bas à la Marquise.*

....Vous irez ensuite chez M***, conseiller d'état; vous le préviendrez que tous ses peupliers sont morts, et vous tâcherez de lui faire entendre, sans rien articuler de bien positif, que son jardinier manque de zèle et d'intelligence : ivrogne, paresseux, querelleur, insolent.... Vous insinuerez aussi que Mathurin, le bedeau de la paroisse, est sans occupation : excellent jardinier, homme habile, honnête homme...

LAURETTE.

Mais on dit, bon-papa, dans le village, qu'il bat sa femme et qu'il est gris tous les jours...

LE MARQUIS.

Laborieux, pensant bien, bonnes mœurs....

LAURETTE.

Qu'est-ce que c'est, mon papa, que *bonnes mœurs ?*

LA MARQUISE.

Mademoiselle, c'est exécuter strictement les commandemens de l'Église et ceux de Dieu... Taisez-vous.

LAURETTE.

Ah oui !... je les sais par cœur : Faux témoignage ne diras, ni mentiras aucunement ; l'œuvre de chair...

LE MARQUIS.

Chut... (*A sa femme.*) Voici trois lettres : ces deux-ci vous les jetterez à la poste en arrivant à Paris ; l'autre, vous la porterez vous-même, et vous en attendrez la réponse : elle est pour M***, aumônier de la Dauphine....

LAURETTE.

Bonne-maman, la Dauphine, c'est une femme, n'est-ce pas ?

LA MARQUISE.

Taisez-vous, sotte.

LAURETTE.

Bon-papa dit que la Dauphine est le seul homme qu'il y ait dans la famille ; pourquoi donc ?

LA MARQUISE.

Ce n'est point votre père qui dit cela ; c'est un mot de l'Usurpateur.

LAURETTE.

De l'Usurpateur ? Ah oui ! l'empereur Napoléon... Autrefois bon-papa disait..

LA MARQUISE.

Et moi je vous dis de vous taire.

LAURETTE.

Voilà deux grands quarts d'heure que je ne parle pas. Maintenant que bon-papa n'a plus rien à vous dire, nous pouvons bien causer, nous...

LA DUCHESSE, *souriant, à la Marquise.*

Elle est dans l'âge où l'inaction prolongée devient un supplice.

LA MARQUISE, *avec aigreur.*

En vérité ! (*A Laurette.*) Taisez-vous ; dites vos prières, s'il faut absolument que vous disiez quelque chose.....

LAURETTE.

(*A part.*) J'aurai bien le temps là-bas. (*Après un instant de silence, à son père.*) Bon-papa, c'est de la Dauphine.......

LA MARQUISE.

On dit Madame la Dauphine, entendez-vous, Mademoiselle?

LAURETTE.

C'est vrai; je ne songeais pas qu'il y avait là du monde.... Bon-papa, c'est de Madame la Dauphine que M. le curé nous contait une histoire... vous savez... qui vous a tant fait rire...

LA MARQUISE.

Petit serpent! vous tairez-vous?

LAURETTE.

Mais, bonne-maman, quel mal...?

LA MARQUISE.

Jamais on ne devrait parler devant vous... Oui, c'est de Madame la Dauphine...... Les femmes de qualité sont bien malheureuses!

LAURETTE, *sur un geste de la Marquise.*

Ne me dites pas de me taire, car je ne dis plus rien.

(*La marquise prend un roman; le marquis déploie la* Quotidienne : *l'un et l'autre se mettent à lire. Laurette se rapproche de la* ***Duchesse****, et lui dit à voix basse :*)

LAURETTE.

Ils sont un peu sourds tous les deux : nous pouvons causer maintenant. Je ne suis pas curieuse ni bavarde;...mais où allez-vous? Moi, je vais à Paris, dans une maison d'éducation d'orphelines...Papa n'est pas du tout content de la cour; il aurait voulu bourse entière. Nous allons, nous, en droiture à Paris, et nous quitterons la diligence à...; mais papa continuera par la traverse, parce qu'il a des affaires à Rambouillet... Ensuite il viendra nous rejoindre... Il ira chez tous les ministres se plaindre de l'injustice qu'on lui fait... Il a dit qu'il ferait valoir ses droits; car il a des droits, mon papa... Ah ça! vous savez mon histoire; contez-moi la vôtre maintenant...

LA DUCHESSE.

La mienne est trop sérieuse; elle vous ennuierait, ma petite amie.

LAURETTE.

Oh que non! que non...

LA DUCHESSE.

Elle est trop grave, vous ne pourriez la comprendre.

LAURETTE.

Oh que si!... je comprends tout, moi.

LA DUCHESSE.

Elle est trop longue; il vous faudrait pour l'entendre jusqu'à la fin plus de patience que vous n'en pouvez avoir.

LAURETTE.

Ah!.... je n'aime pas les histoires qui sont longues, excepté quand c'est moi qui les conte. J'ai une mémoire étonnante. Connaissez-vous la Charte constitutionnelle? Si vous ne la connaissez pas, je peux vous la réciter, car je la sais tout entière.... C'est papa qui me l'a fait apprendre.... Non pas qu'il en soit bien amoureux: il dit que c'est un chiffon. Mais, voyez-vous, notre village est rempli de libéraux; ils sont méchans, méchans, méchans.... ils ont dit de papa qu'il était un jésuite, et c'est pour les démentir qu'il m'a fait apprendre la Charte.... Il me la fait réciter à table, quand nous avons des libéraux.... Mais je sais aussi des cantiques, avec les airs, et quand nous avons des royalistes à dîner, papa me fait chanter des cantiques.... Ah! mon Dieu! maman qui nous voit!....

(*La Marquise lance à la Duhcesse un regard plein d'aigreur. Elle ferme son livre et ne lève plus les yeux de dessus sa fille. La diligence arrive au point de jonction des deux routes de Paris et de Rambouillet. La Marquise et sa fille descendent; elles sont remplacées par un Substitut du procureur du Roi, suivi d'un gendarme, son acolyte. Le paysan dort encore; mais son sommeil, devenu de plus en plus léger, ne l'empêche pas d'entendre une partie de la conversation. Le Marquis, quand tous les arrangemens sont terminés, continue son journal.*)

LE SUBSTITUT, *au Marquis.*

Voulez-vous permettre, Monsieur, que je voie la date du numéro que vous lisez ?

LE MARQUIS, *lui présentant le journal.*

A votre service, Monsieur.

LE SUBSTITUT.

Ah ! c'est du 23....

LE MARQUIS.

Il dit peu de chose encore.... Jusqu'à ce que les Chambres soient ouvertes....

LE SUBSTITUT.

Ouvertes !....

LE MARQUIS.

Est-ce qu'elles ne s'ouvriront pas, ou déjà le seraient-elles ? Je vis à la campagne, assez retiré; les nouvelles ne m'arrivent que lorsqu'elles sont devenues des vieilleries pour tout le reste de la France.

LE SUBSTITUT.

Vous êtes aujourd'hui, Monsieur, ce que j'étais hier.... vous êtes en arrière de trois siècles.... Des affaires de famille me retenaient depuis plus de huit jours à *** ; j'y vivais dans une ignorance absolue des grands événemens qui se passaient à Paris.... lorsque l'autorité supérieure (je suis substitut du procureur du Roi) m'adressa des dépêches.... avec des ordres.... Tout est fini : lundi, 27, trois ordonnances ont paru : l'une dissout la prétendue Chambre des députés ; l'autre abolit pour jamais la licence de la presse; la troisième, enfin, convoque de nouveaux colléges, mais avec des précautions si largement conservatrices de la monarchie, que le succès de la royauté n'est pas douteux....

LE MARQUIS.

Je suis enchanté, Monsieur, de la nouvelle que vous m'apprenez; il était bien temps que le gouvernement se décidât... J'adhère de toute mon âme à ces glorieuses ordonnances.... Vive le Roi !....

LE SUBSTITUT.

Vive le Roi! telle est aujourd'hui la clameur à la mode. Jamais ce cri ne fut proféré plus énergiquement; jamais il ne fut mieux mérité.... On dit que l'enthousiasme des Parisiens n'a pas de bornes.

LE MARQUIS.

Le mien, je vous le jure, est à son comble : je me surprends même à désirer que Sa Majesté rencontre de la résistance, afin d'avoir aussi l'occasion de lui prouver tout mon dévoûment.... Savez-vous, Monsieur, que nous sommes en France plus de trois cent mille royalistes de la vieille roche, à qui l'on promet, depuis quatorze ans, de lâcher la bride contre le jacobinisme des traficans et la forfanterie des écrivassiers.... ? Mais le *tiers* est trop lâche.... il n'était fort que de la faiblesse de Sa Majesté.... Malheureusement il ne bougera pas.... Tant pis, morbleu, tant pis !.... Vous êtes sans doute, Monsieur, comme tout ce qu'il y a d'honnête et de raisonnable en France, membre de la....

LE SUBSTITUT.

Membre influent, Monsieur.... l'un des fondateurs de la célèbre.... nommée *du Sou*.... et de plusieurs autres. Je ne m'en suis jamais caché, bien au contraire; je m'en glorifie de tout mon cœur avec vous.... Et vous, Monsieur?

LE MARQUIS, *s'inclinant jusqu'à terre.*

Monsieur, vous n'en doutez pas. Le moindre soupçon m'offenserait....

(*Ils se serrent affectueusement la main.*)

LE MARQUIS.

Vous conviendrez cependant, Monsieur, que les ministres et que le Roi lui-même ont des torts....

LE SUBSTITUT.

Des torts! des torts! Les ministres, le Roi!... Quelle imprudence, quelle inconvenance, quelle inconséquence à vous de parler ainsi!....

LE MARQUIS, *presque effrayé.*

(*Montrant le gendarme.*) Ce militaire est Français.... Je dois le croire incapable de se déshonorer en me dénonçant....

LE GENDARME, *interrompant le marquis.*

Moi délateur !.... Moi dénoncer !....

LE MARQUIS, *reprenant.*

Cette femme nous écoute à peine, et ne serait pas en état de nous comprendre, s'il lui prenait fantaisie de nous écouter; ce paysan dort; vous, Monsieur....

LE SUBSTITUT.

Permettez, Monsieur, que je vous dise, en thèse générale, que ce n'est pas après un coup d'état, contre-signé Polignac et Peyronnet, qu'il peut être permis de trouver des torts aux ministres; quant au roi, sa personne est impeccable : le droit divin et la Charte le proclament à l'envi....

LE MARQUIS.

Je voulais dire que les ministres et le roi lui-même étaient coupables d'avoir attendu si long-temps...

LE SUBSTITUT.

Ah! quant à cela, Monsieur, vous avez raison : je suis aussi parfaitement de votre avis qu'il est possible; le roi jouait sa couronne, et les ministres leur tête : tout est sauvé; vive le roi!

(*Le gendarme, le marquis, le substitut crient à tue-tête : Vive le roi !*)

LE CONDUCTEUR DE LA DILIGENCE.

Messieurs, je vous prie de ne pas tant crier; l'un de mes deux chevaux est très-peureux; vous l'épouvantez, tout royaliste qu'il est. Cette chaussée est très-étroite, et si vous l'effrayez encore, je ne réponds de rien.

TUBEUF, *se réveillant et se frottant les yeux.*

D'quel droit donc qu'vous m' réveillez, vous aut' avec vot' vive le roi? Est-ce que ça l'y nuit que j'fassions un somme! C'est pas l'embarras, faut qu' tout l' mond' vive : j' sis ben de c' t'avis-là, moi, Tubeuf; et c'pendant j' sis pus constant qu' vous dans mes sentimens patriotiques, j'nons jamais changé d'cri, jarni!... j'ons toujours crié vive le vin!... Il est vrai que j'nons pas la croix d'Honneur, que je n' sommes ni sustitut ni marquis... et que j' n'avons jamais voulu z'ête gendarme.... (*A la Duchesse.*) Pas vrai, la mère, qu' c'est ben parlé, tout ça?....

LE MARQUIS.

La Dauphine me disait encore, il y a peu de temps, avec cet air à la fois spirituel et doux qui la fait adorer de la cour, de la ville et de la province : « Marquis, patience! » Je n'ai pas compris sur-le-champ la profondeur de ce mot sublime; mais je suis au fait aujourd'hui....

LE SUBSTITUT.

Il paraît que vous avez accès chez nos princes, Monsieur le marquis.

LE MARQUIS.

Je ne suis pas mal avec eux...La Dauphine a dit plus d'une fois à ma femme : « Je vous aime en bourgeoise..... » Deux véritables commères! (*A la Duchesse.*) Et vous, la mère, êtes-vous Belge, Anglaise, Bavaroise ou Wallonne? Toutes les voix françaises crient en ce moment vive le roi! excepté la vôtre....

LA DUCHESSE.

Messieurs, je suis Française.... mais je suis tellement fatiguée, tellement enrouée....

LE SUBSTITUT.

Eh bien! brave femme, puisque vous êtes tellement enrouée que vous ne puissiez crier vive le roi, nous le crierons pour vous... Il importe que ce cri victorieux retentisse dans le village où nous entrons : c'est un pays mal famé, signalé depuis long-temps.... J'ai des notes.... des notes.... Crions toujours, nous agirons quand il en sera temps...

(*Ils crient avec une telle force que les chevaux, effrayés, s'emportent; la voiture verse et se brise. Quelques paysans volent au secours des voyageurs; aucun d'eux n'est blessé.*)

(Une auberge sur la grande route, à trois quarts de lieue de Rambouillet. Une diligence endommagée est à la porte; plusieurs ouvriers la réparent. Les voyageurs sont dans l'auberge : le marquis mange ; Tubeuf boit ; la Duchesse est absorbée dans une méditation profonde ; le Substitut se promène et paraît fort impatient ; le gendarme observe.)

LE SUBSTITUT.

Gendarme, retournez chez M. le maire, et dites-lui qu'il est de la dernière inconvenance de me faire attendre si long-temps dans de pareilles circonstances... Son retard a quelque chose de séditieux qui n'échapperait pas à l'autorité si j'en faisais mon rapport... Ah ! c'est fort heureux, le voici. (*Le Maire entre, et se précipite au-devant du substitut.*) Monsieur le maire, le temps de la tiédeur est passé..., il est passé pour ne jamais revenir : voilà dix-sept minutes, montre en main, que je vous attends. Cette lenteur, Monsieur, vous compromet gravement à mes yeux.... La chose publique a besoin d'agens dont l'énergie soit toujours en haleine...

LE MAIRE, *encore tout essoufflé.*

Excusez-moi.... Monsieur.... j'étais à surveiller, dans les champs, mes travailleurs... quand on m'a prévenu de votre arrivée... J'accours de toute la vitesse de mes jambes de cinquante-neuf ans... Je suis en nage... ah !...

LE SUBSTITUT, *à demi-voix, et dans un endroit écarté de la salle.*

Vous n'ignorez pas, Monsieur, que le gouvernement vient de frapper droit au cœur les incendiaires de la Normandie, les fauteurs de la révolution, les apôtres de l'iniquité, les partisans de l'extermination du peuple, les adversaires de nos ministres... les libéraux. Je suis envoyé par l'autorité supérieure pour entendre le rapport que vous avez à lui faire relativement à l'opinion politique des individus que vous administrez.

LE MAIRE.

Parfaite, Monsieur le substitut,..... Dieu et le roi..., à l'exception....

LE SUBSTITUT.

Des exceptions !.... Sont-ils propriétaires ou salariés de l'État ?

LE MAIRE.

Il y a des uns et des autres... Deux ou trois cents mauvais sujets.

LE SUBSTITUT.

Deux ou trois cents!... dans ce village? vous plaisantez. La population, sur les rôles et d'après le dernier recensement, ne s'élevait qu'à trois cent deux, en y comprenant le desservant de la paroisse et vous... (*La voix baisse.*) Vous avez des notes.... surveillance active.... Tous vos rapports sont en règle....

LE MAIRE, *à voix très-basse.*

M. le curé vous donnerait des renseignemens plus étendus; il est à Paris, malheureusement.

LE SUBSTITUT.

Chut!... il y rendra ses comptes....

(*La conversation continue, mais à voix tellement faible qu'il devient impossible de la saisir.*)

LA DUCHESSE, *à Tubeuf, qui fume à côté d'elle.*

Monsieur, je suis extrêmement incommódée par la fumée.....; je vous prie avec instance.....

TUBEUF.

Jarni! c'est tout au plus si l'vieux Tubeuf a compris tout vot' biau langage... Acoutez, je n'fumerons pus; mais j'vous baiserons sur la joue pour la peine..... hein!...

LA DUCHESSE, *à la maîtresse de la maison.*

Madame, auriez-vous quelque chambre particulière à me donner? car il est impossible que je reste ici davantage.

LA MAÎTRESSE.

Et qui donc ici qui vous déplaît, ma brave?

LA DUCHESSE.

La fumée du tabac de Monsieur m'incommode au point... Je suis excédée de fatigue et de chaleur;... si le soleil était moins ardent, j'irais prendre l'air!...

LA MAÎTRESSE.

Tudieu! vous craignez la chaleur, et vous êtes laboureuse!

Les femmes de chez vous travaillent dans les champs avec un parasol, à c'qui m'paraît! Quand vous seriez la servante du curé d' la paroisse, vous n'diriez pas autrement..... Ma fine, j'en suis fâchée; mais à l'auberge tout l'monde est chez soi..

TUBEUF.

J'lui disais com' ça : Je n'fumerons pus, mais j'vous baiserons sur la joue..., n'y a pas d'insulte..... Si tant seulement all' m'avait répondu : Non..., mais rien. Entendez-vous, la mère, quand vous seriez madame Pompadour, vous auriez dû répondre à Tubeuf..... J'mettrais ma pipe en morceaux, plutôt qu' d'en incommoder une parsonne....; mais pisque vous avez tant fait la fière, morbleu! j'fumerons, la belle, et vous aussi..... (*Il fume avec force.*)

LE SUBSTITUT.

La réclamation de cette femme est raisonnable. Nous ne sommes pas ici dans un estaminet; les réglemens sont positifs, vous ne devez pas fumer dans cette salle.

LA MAÎTRESSE.

Si vous aviez vu mon enseigne, vous auriez lu : A L'ANTIGONE, *café-restaurant*, ESTAMINET; et plus bas, en rouge : *On joue la poule.*

TUBEUF.

Enfoncé, l'Sustitut! (*Il fume avec tant de force, qu'il remplit la chambre de fumée; la Duchesse se rapproche de la fenêtre.*)

LE SUBSTITUT.

Gendarme, cet homme est arrêté..... flagrant délit..... insulte à la magistrature..... propos séditieux dans la diligence...., opinion équivoque...., plaisanteries sur l'enthousiasme des chauds royalistes, etc., etc.

TUBEUF.

Arrêté!..... Tubeuf arrêté! pour une..... morbleu!

LA DUCHESSSE, *à voix basse au Substitut.*

Je crois, Monsieur, que vous outre-passez vos pouvoirs, en ordonnant l'arrestation de ce malheureux.....; il n'est coupable que d'impolitesse, et sa profonde ignorance doit le justifier à vos yeux.

LE SUBSTITUT.

Qu'est-ce?... hein! Recommencez...

LA DUCHESSE.

Je dis, Monsieur, que les manières de cet homme sont analogues à l'éducation qu'il a reçue. Je lui pardonne de tout mon cœur, et j'espère qu'à ma sollicitation vous ne refuserez pas d'en faire autant.

LE SUBSTITUT.

En vérité!... je reste... Votre sollicitation... J'y consens volontiers;..... mais.....

TUBEUF.

Brave femme, voilà ma pipe (*il la brise*).

LA MAÎTRESSE, *effarée.*

Ah! mon Dieu! mon Dieu! Qu'est-ce que tout cela veut dire? Le diable s'est emparé des habitans de ce pauvre village; comme ils crient! Qu'ont-ils donc après cette chaise de poste?... Ils en ont dételé les chevaux; ils la traînent à force de bras!.. Et le drapeau tricolore! Ah! mon Dieu, mon Dieu! le drapeau trioolore!

(*Stupeur générale. Le Maire tremble de tout son corps, et le Substitut dit à part :* « Je m'en doutais! » *Ils courent tous à la porte de l'auberge, excepté la Duchesse.*)

LA DUCHESSE, *seule.*

Que de maux! Combien de plus cruelles douleurs me sont destinées!... Que devenir ici? Nul moyen de gagner le château! à pied, c'est impossible; je suis excédée, mes forces n'y suffiraient pas... Quelqu'un de ces villageois consentirait peut-être à quitter ses travaux pour m'y conduire; mais si j'offre de l'or, je serai soupçonnée, devinée peut-être! Quel triomphe, s'ils apprenaient qu'ils m'ont réduite pour quelques instans à la livrée de la misère!..... Attendons.

(*Le tumulte redouble et s'approche; des cris épouvantables sont proférés : A bas les Bourbons! Vive la Charte! Vive la liberté! A bas les jésuites! A bas Charles X! A bas les ministres! Vive Lafayette, Gérard et Lamarque! Les voyageurs de la chaise de poste entrent enfin dans l'auberge; elle se remplit de monde à l'instant. Les villageois se rangent en cercle autour des nouveaux arrivés : ils sont deux : le premier court et trapu, figure allemande, physionomie nulle. Le second voyageur est d'une taille élevée; il est remarquable par l'extrême altération de ses traits, par l'égarement de ses yeux et par le désordre de ses vêtemens. Morne silence.)*

LE MAIRE.

J'attends, Messieurs, que vous me donniez une explication prompte et catégorique.

LE PREMIER VOYAGEUR.

J'pas safoir, j'pas safoir tout ça... Paris plus, Paris plus, f'là tout, f'là tout..., plus d'Paris..... Mort, tué, prûlé tout Paris, f'là tout, f'là tout.

LE DEUXIÈME VOYAGEUR, *avec le ton d'un homme dont la tête est perdue, mais qui fait de prodigieux efforts pour surmonter son effroi et pour vaincre le désordre de ses esprits.*

Monsieur le maire, j'aurais déjà pris la parole... et je vous aurais instruit des événemens qui viennent de se passer dans la capitale,.. si trois jours de combats consécutifs n'avaient singulièrement affaibli toutes mes facultés morales et physiques;... je me borne à peu de mots : la plus inespérée des révolutions vient de s'opérer pour la France... ; une race... parjure... expie l'insulte faite à la constitution de l'Etat. Il n'est plus à Paris la moindre trace du gouvernement de... Charles X ; ses ministres... liberticides ont payé de leur sang l'audacieux complot qu'ils avaient formé contre... la souveraineté du peuple... ; les prêtres, l'armée, la magistrature ont succombé dans cette lutte à mort. La destinée des membres de... l'exécrable famille est incertaine ; on ignore s'ils ont porté sur eux des mains violentes ou s'ils ont péri dans les flammes... (*Après un instant de silence, d'une voix sombre, désespérée, et comme s'il se parlait à lui-même.*) Quels jours!... Les habitans de cette ville immense n'avaient qu'une voix, qu'une force, qu'une âme...; les monumens tressaillaient... Ici les pavés s'amoncelaient d'eux-mêmes entre les soldats et le peuple ; ailleurs ils bondissaient jusqu'au sommet des maisons, et de là se précipitaient en sifflant sur les phalanges homicides ... Je me suis approché de la Seine, elle était rouge... ; j'ai voulu boire, elle était chaude... ; je m'y suis plongé, j'en suis sorti teint de sang... Dieu!... (*Au Maire, très-précipitamment.*) Mes papiers? les voilà... « Cambon, etc..., » lisez... (*Pendant un nouveau silence il reprend ses esprits et continue avec une sorte de calme.*) Monsieur le maire, je suis l'un des artisans de cette glorieuse révolution... Je dois être impatient d'arriver dans le sein de ma famille pour y dissiper l'inquiétude et pour m'y reposer de tant de fatigues. J'ai l'intention de me rendre d'abord à Tours, où d'anciennes connaissances me retiendront plus long-temps peut-être que je ne l'aurais voulu ; mais enfin, si je ne puis me dérober à leur empressement, ma famille ne tardera pas à m'y joindre, et je reviendrai le plus tôt possible habiter une maison de campagne aux environs de Paris... C'est dans ce lieu solitaire... Ordonnez, je vous en supplie, que mon départ ne soit pas retardé...

LE POSTILLON.

(*Pendant que le postillon parle, le Substitut interroge le second voyageur de la chaise de poste et recueille avidement ses réponses ; celui-ci lui montre les proclamations du Gouvernement provisoire, etc...*)

Monsieur le maire, tout ce qu'il vient de vous dire est la pure vérité. Trois voyageurs anglais que j'ai conduits ce matin m'ont affirmé la même chose ; seulement ils ajoutaient qu'un des ministres..., Pey... Pey... Peyronnet, oui, Peyronnet, avait eu le bonheur de s'échapper dans la bagarre, mais que des mesures étaient prises et qu'il n'irait pas loin ; ils disaient aussi que la duchesse d'Angoulême errait dans les environs de Rambouillet, sous des habits villageois... Le domestique de ces trois Anglais, plus amplement informé que ses maîtres, m'a dit en outre que le signalement de cette fanatique, c'est ce qu'il disait, allait être envoyé dans toutes les communes, parce qu'elle était encore plus enragée que les autres, et que si le Gouvernement provisoire ne parvenait à la saisir, elle était capable de ramener, seule, tout l'univers à Paris, comme autrefois; qu'un million de récompense était promis à celui qui la prendrait morte ou vivante; que Lafayette allait être nommé roi; que Charles X, avant de mourir, avait abdiqué la couronne en sa faveur...; que les impôts seraient tous abolis, et que tout le monde aurait des places. Voilà pourquoi j'ai tiré de sa prison le drapeau tricolore que mon vieux père nous rapporta de l'armée : j'ai profité de cette occasion pour lui faire prendre un peu l'air; il en avait grand besoin, car voilà seize ans qu'il étouffait dans son cachot... Vive la liberté! Vive Lafayette! A bas les Bourbons!... (*Le tumulte et les cris recommencent.*)

LE MAIRE, *après que le silence est rétabli.*

Messieurs, je manquerais aux devoirs de la magistrature qui m'est conférée, si je ne vous adressais une allocution... quelconque... touchant les graves modifications qui viennent, à ce qu'il paraît, d'avoir lieu concernant l'ordre de successibilité au trône... Je regrette que M. le curé soit absent, parce qu'il aurait pu me tracer la marche à suivre... Je le regrette d'autant plus qu'il est à Paris, où depuis deux jours il sollicite auprès de M. le grand-aumônier le bureau de tabac du village, dont le titulaire est mort, et qui convenait à sa nièce... Peut-être il aura péri dans la mêlée;... il ne s'en doutait pas quand il est parti, le pauvre homme...; s'il l'avait su, je pense qu'il ne se fût pas éloigné de son troupeau... Vous voyez, Messieurs, que mes principes sont aujourd'hui tout ce qu'ils doivent être;... j'espère que vous serez satisfaits de la confiance que je vous témoigne... Voilà, Messieurs, ce que dans ma position je ne pouvais pas me dispenser de vous dire....

LE SUBSTITUT, *déclamant.*

Mes amis, mes concitoyens, mes frères! Instruit des grands événemens de la capitale, j'accourais au milieu de vous pour vous les apprendre : la France est libre; elle est pure de cette race bigote et vindicative que l'étranger nous imposa dans sa colère. Les couleurs nationales, que nous avons promenées triomphantes dans les capitales subjuguées de l'Europe, reparaissent plus brillantes et plus belles. Signalez-vous, mes concitoyens, par votre dévoûment à la cause impérissable de la liberté. Monsieur le maire, en ma qualité de procureur du...en ma qualité de fonctionnaire et de magistrat, je vous somme d'arborer sur les édifices de votre commune le noble pavillon tricolore. Vous dresserez procès-verbal, et vous exprimerez que c'est à ma réquisition... Je prends sur moi toute la responsabilité de la démarche que je vous invite à faire.

TUBEUF, *bas à la Duchesse.*

C'est pourtant là c' fameux royaliste qui voulait m'claqu'-murer pour opinion. (*Il rit.*)

(*Les deux voyageurs ont pu remonter en voiture et continuer leur chemin; le Maire, après avoir témoigné de l'hésitation, entraîné par l'effervescence de ses administrés, prend le drapeau tricolore. Il quitte l'auberge, suivi de tous les habitans du village; la Duchesse, Tubeuf et le Substitut restent seuls.*)

TUBEUF, *à la Duchesse.*

Encore une révolution! Et d'vingt-cinq au moins, d'puis quarante ans. (*A part.*) C'te femme-là n'est pas populaire... pace que j'ons une blouse...... et c'pendant c'est une paysane com'moi,... ça m'a l'air de queuqu' femme de charge...; dam' si tout c'charivari-là fait du tort à ses maîtres.....

LE SUBSTITUT, *à part.*

Quelle carrière!. ... que de nouvelles chances à l'avancement!..... Renouvellement des cours, renouvellement complet; mais il faut donner des gages... des gages d'un dévoûment sans bornes... La famille est perdue, elle est morte à la France... (*Après avoir quelques instans considéré la Duchesse.*) Quel trait de lumière!.... Cette femme!.... c'est elle! De la prudence... ayons-en le profit.... Mais la honte!.... la honte, rejetons-la sur un autre... D'ailleurs elle est proscrite... par les lois... C'est un otage dont le Gouvernement provisoire a besoin.... Mon gendarme.... oui.... (*A la Maîtresse, à demi-voix.*) Sauriez-vous, par hasard, ce qu'est devenu mon gendarme ?

LA MAITRESSE.

Vot'gendarme ! il bat la campagne..... Dam' c'est qu'un million.... ça n' se trouve pas sous l' pas d'un cheval, un million....

LE SUBSTITUT, *à part.*

Contretemps !.... (*A la Maîtresse.*) Et le marquis, M. le marquis ?

LA MAITRESSE.

Ah ma fine ! qu'est-il devenu ? Bien fin qui l'saura ! sitôt qu'il a vu le drapeau tricolore, il a pris ses jambes.... et s'il court toujours...

LE SUBSTITUT, *à part.*

La proie m'échappe... à moins que moi-même.... sondons cet homme. (*A Tubeuf.*) Mon ami, j'ai deux mots à vous dire... (*Il conduit Tubeuf à distance, afin que la Duchesse ne le puisse entendre.*) Mon ami, la fortune vous tenterait-elle, par hasard ?

TUBEUF.

Oui-dà, et d'puis long-temps ; j'courons après d'puis cinquante-sept ans, tout au moins ; c'est pour ça que j'sommes conducteur de troupiaux..... après en avoir été marchand, pace que j'aimons trop ça. (*Il fait le geste d'un homme qui boit.*)... C' qu'est ben malheureux, com' dit not' femme.

LE SUBSTITUT.

Voulez-vous que je vous la fasse atteindre aujourd'hui, la fortune ?

TUBEUF.

Oui-dà ;... mais, ma fine, faudra qu'vous soyez sorcier.

LE SUBSTITUT.

Un million de récompense est promis par le Gouvernement provisoire à celui qui se rendra maître de la Dauphine ; vous le savez ?

TUBEUF.

J'n'en crois rien, ni vous non plus, biau sire, c'est un' nouvelle d'postillon, ça; mais n'importe, après...

LE SUBSTITUT.

La nouvelle est exacte; je vous en donne ma parole...

TUBEUF.

D'honneur!

LE SUBSTITUT.

Oui, d'honneur.

TUBEUF, *riant.*

Ah! ah! ah!.. la parole d'honneur d'un sustitut com' vous, biau sire, ça ressemble à la vertu d'un' fille qu'a d'jà manqué: c'est ben sujet à caution...

LE SUBSTITUT, *très-mystérieusement.*

Le million vous appartient si vous voulez suivre en tout mes avis: arrêter la Duchesse, vous taire, et la conduire à Paris...

TUBEUF.

Oùs'qu'elle est... c'te Duchesse d'un million?

LE SUBSTITUT, *indiquant la Duchesse.*

Là...

TUBEUF, *saisissant le Substitut à la gorge.*

Ah gredin!... (*il le secoue violemment*); ah! tu crois Tubeuf assez misérable!... attends! attends!...

LE MAIRE *entre, suivi des habitans du village.*

LE MAIRE, *à Tubeuf, qui vient de lâcher prise.*

Que signifient ces violences?...

LE SUBSTITUT, *tout essoufflé.*

Monsieur le maire, saisissez cet homme....; faites-le conduire à la prison communale;..... c'est un agent secret des ennemis de la France... un conspirateur... un congréganiste... un... un... perturbateur... ah!

TUBEUF, *bas à la Duchesse.*

C'est à vous qu'on en veut, la mère. L'chien d'sustitut va

vous faire empoigner.... Je n'sommes pas loin de Rambouillet; j'monte à cheval, et je r'viens... Amusez-le, dépistez-le, si vous pouvez... (*Il sort.*)

LE SUBSTITUT, *revenu de son effroi, bas au Maire.*

Monsieur le maire, il est de la plus haute importance que je vous entretienne en particulier; le salut de la France et la consolidation du nouvel ordre de choses en dépendent absolument. Faites sortir vos administrés; interrogez cette femme; demandez-lui ce qu'elle est, ce qu'elle fait ici, quelle est sa destination.... A-t-elle des papiers? d'où vient-elle?

LE MAIRE.

Pourquoi?

LE SUBSTITUT.

J'ai des raisons dont la gravité vous sera bientôt connue... L'autorité supérieure est à la recherche de grands criminels...

LE MAIRE.

Ah!... pour les incendies, sans doute? il n'est plus question que de cela.

LE SUBSTITUT.

Précisément.

LE MAIRE.

Nous allons voir.

(*Les paysans se retirent. Le Substitut ne paraît pas écouter l'interrogatoire ; il est assis dans un endroit écarté de la salle, lit avec attention différens papiers, prend des notes, etc.*)

LE MAIRE.

Brave femme, quel est votre nom?

LA DUCHESSE.

Mon nom?

LE MAIRE.

Oui.... Vous en avez un, sans doute?

LA DUCHESSE.

J'en ai plusieurs. Des circonstances malheureuses m'ont obligé souvent d'en changer...; mais je l'ai pu faire sans que personne ait eu le droit de s'en plaindre. Je m'appelle aujourd'hui Du Perche.

LE MAIRE.

Votre pays?

LA DUCHESSE.

Versailles.

LE MAIRE.

Où résidez-vous communément?.... Avez-vous un domicile fixe?

LA DUCHESSE.

Je réside à Paris.

LE MAIRE.

Ce costume est-il bien le vôtre?

LA DUCHESSE.

Certes, je ne l'ai pas volé.

LE MAIRE.

Vous feignez de ne pas m'entendre : ces habits répondent-ils à votre position véritable?

LA DUCHESSE.

Que trop.

LE MAIRE.

Que faites-vous ici?

LA DUCHESSE.

J'attends que cette diligence soit remise en état de continuer sa route.

LE MAIRE.

Quelle est votre destination?

LA DUCHESSE.

Je m'exposerais à mentir si je vous répondais.

LE MAIRE, *à part.*

Soulever les campagnes, provoquer à la guerre civile.... maudits incendiaires, enragés libéraux!.... (*A la Duchesse.*) Pourquoi ne me répondez-vous pas?

LA DUCHESSE.

Je suis, ainsi que vous, Monsieur le maire, entre les mains de la Providence : si vous parlez de ma destination ultérieure, je l'ignore; quant à ma destination prochaine, je vais à Rambouillet.

LE MAIRE.

Quoi faire?....

LA DUCHESSE.

Retrouver mes parens,.... quelques amis, peut-être....

LE MAIRE.

Avez-vous des papiers? D'où venez-vous?

LA DUCHESSE.

Je viens de la Bourgogne. Je n'ai pas de papiers ... Je voyageais de confiance au milieu de populations tranquilles.

LE MAIRE, *bas au Substitut.*

Qu'en pensez-vous, cela suffit-il? Trois gendarmes sont là....

LE SUBSTITUT, *bas au Maire.*

Continuez....

LE MAIRE, *bas à lui-même.*

Je ne sais plus que lui dire.... (*Haut.*) Quels sont vos moyens d'existence, soit à vous, soit à votre famille?

LA DUCHESSE.

Quand vos questions ne concernent que moi je dois y répondre. Vous m'interrogez sur ma famille, j'ai le droit de me taire, et j'en use.

LE SUBSTITUT, *se retournant.*

Madame, vous devez à l'autorité municipale tous les renseignemens qui la peuvent éclairer : M. le maire est dans la limite de ses attributions en vous interrogeant sur votre famille.

LA DUCHESSE, *avec un mouvement d'indignation.*

Je ne sais de quel droit vous vous immiscez dans cet interrogatoire, et surtout je ne sais quel affreux plaisir vous trouvez à me tourmenter, vous que je me souviens avoir vu bassement et par mille voies déshonnêtes solliciter autrefois les faveurs de cette même famille que vous persécutez aujourd'hui!.... Voudriez-vous gagner un million, par hasard?

et tout en étant le plus lâche de tous les hommes, en seriez-vous aussi le plus sot et le plus crédule?

LE MAIRE.

Quoi?.... Monsieur le substitut.... un million! qu'est-ce que tout cela veut dire?....

LE SUBSTITUT.

Madame; personne ici n'a l'intention de vous manquer de respect.... Mais enfin des lois existaient : ces lois, quels en étaient les auteurs? Vous et les vôtres.... Vous avez signé d'une main le pacte social, et de l'autre main vous en avez altéré les sacrés caractères.... Le pacte est rompu : qui l'a déchiré? Vous-mêmes.

LA DUCHESSE.

Et c'est vous, misérables, qui venez aujourd'hui nous reprocher nos fautes, vous qui nous les avez fait commettre! Vous qui, nous montrant de loin, comme un prestige, le pouvoir absolu de nos aïeux, nous avez précipités dans tous les excès! vous qui, jusqu'à cette heure solennelle et dernière, nous avez caché le véritable esprit de la France! C'est votre lâcheté, vos adulations, la servilité de vous et de vos pareils qui nous ont perdus, plutôt que les préjugés dont on nous fait un crime. L'avenir, en nous accusant de faiblesse, d'ignorance et d'impéritie, plaindra tant de cruelles et de si longues infortunes; mais vous, courtisans de toutes les victoires, partisans nés de tous les systèmes, vous êtes pour les peuples, que vous avez écrasés sous tous les régimes, un objet d'horreur, de haine et de profond dégoût!....

LE SUBSTITUT.

Madame, les avertissemens ne manquaient point au pouvoir, mais toutes les voix indépendantes étaient bannies de l'administration. Vos plus dévoués serviteurs.... les Kératry, les Montlosier....

LA DUCHESSE.

Pour un qui se perdait en voulant nous sauver, mille ne demandaient qu'à s'enrichir en accélérant notre perte. Votre silence, au moins, nous eût avertis. En se taisant, l'administration protestait à sa manière, comme aujourd'hui le peuple proteste à la sienne.... ce peuple qui vaut mieux que vous et que vous méprisez... Oui, vos affectations religieuses, vos lâches réticences, vos hypocrites empressemens nous justifieront aux yeux de l'histoire. Vous avez poussé la dynastie dans l'abîme, et maintenant qu'elle n'est plus, vous l'insultez, vous vendez sa dépouille!... Que le plus offrant se présente, vous lui porterez vos sermens, car il vous faut des populations à dévorer, et des grandeurs à trahir!...

LE SUBSTITUT.

Madame, la suite prouvera que ces reproches ne sont pas applicables à tous les membres de l'administration : on peut vous servir en paraissant vous combattre.... et la cérémonie du serment....

LA DUCHESSE.

Oh! je ne l'ignore pas; si le pouvoir qui va remplacer le nôtre est malhabile et faible, ceux d'entre vous à qui la révolution n'aura que faiblement profité travailleront sourdement à nous rétablir... Les restaurations sont productives pour les fonctionnaires qui les favorisent. Aussi bien ce nouveau pouvoir sera dans l'impossibilité de vous conserver tous; la fidélité de ceux d'entre vous qui seront exclus nous est acquise, je le sais....

LE SUBSTITUT.

Madame...

LA DUCHESSE.

Brisons. (*Au Maire.*) Maire, je suis Marie-Thérèse-Charlotte de France, duchesse d'Angoulême.

(*A ces mots, prononcés d'une voix forte, la porte s'ouvre; les habitans de la commune entrent en grand nombre; leur premier mouvement est de se précipiter vers la Duchesse : celle-ci les attend avec assurance; ils s'arrêtent.*)

LA DUCHESSE.

Les dernières gouttes du sang de vos rois coulent dans mes veines. Vous avez conservé la mémoire du plus digne et du plus grand de mes aïeux, d'Henri IV et de Louis XIV : huit siècles d'illustration vous parlent en ma personne... Pour la troisième fois la monarchie s'écroule : Français, respectez-en les débris.

(*Tous les paysans s'inclinent avec les marques du plus profond respect. Les pas d'un grand nombre de chevaux se font entendre. Une troupe de cavaliers s'arrête à la porte de l'auberge ; Tubeuf entre suivi de plusieurs officiers de la garde.*)

TUBEUF, *précipitamment à la Duchesse.*

Je n'ons pas eu la peine d'aller jusqu'à Rambouillet; j'les avons rencontrés en route..... (*Aux paysans.*) Halte-là! mes bons amis, n'touchez pas à Madame, car il vous en cuirait. (*Aux militaires.*) Messieurs, r'connaissez vot'bien.

LA DUCHESSE, *à Tubeuf.*

Mon ami, faites des vœux pour que je puisse un jour reconnaître dignement le service que vous me rendez aujourd'hui...... En attendant, prenez cette faible marque de ma reconnaissance.

TUBEUF.

D'l'argent!... non, non... J'sis d'la trempe d'ceux qu'ont fait à Paris..... c'que vous savez..... Si j'm'étions trouvé là, j'aurions fait tout comm'eux;..... car, voyez-vous, sans êt' ben savant dans l'patriotisme, je m'sentons com'un aut' un peu d'sang dans les veines, et j'n'aimons pas les...... n'importe...... Stapendant, si vot' argent vous gêne, vous n'avez qu'à l'donner à c't'oisiau noir (*montrant le substitut*), y n'vous r'fusera pas, lui, ben sûr... Oh d'ça! j'en réponds...(*Au substitut.*) Et toi, si t'as l'malheur de m'dénoncer pour c'que j'avons fait!... Mais je n'te craignons pas, va!.. j'sis ben connu dans ma paroisse...

(*Les paysans se rangent en silence et respectueusement pour faire place à la Duchesse ; elle se retire, monte en voiture, et part.*)

PARIS, IMPRIMERIE DE DECOURCHANT, RUE D'ERFURTH, N° 1.

www.ingramcontent.com/pod-product-compliance
Lightning Source LLC
LaVergne TN
LVHW050217180726
843501LV00013BA/2021

* 9 7 8 2 3 2 9 6 6 5 8 6 3 *